千古留名——王昭君

◎ 主编 金开诚

◎ 编著 王荣珍

吉林出版集团有限责任公司

吉林文史出版社

图书在版编目（CIP）数据

千古留名——王昭君 / 王荣珍编著 . —长春：吉
林出版集团有限责任公司，2011.4（2022.1重印）
ISBN 978-7-5463-5010-3

Ⅰ. ①千… Ⅱ. ①王… Ⅲ. ①王昭君（前55～？）–
生平事迹 Ⅳ. ① K828.5

中国版本图书馆 CIP 数据核字（2011）第 053480 号

千古留名——王昭君

QIANGU LIUMING WANGZHAOJUN

主编/ 金开诚 编著/王荣珍

项目负责/崔博华 责任编辑/崔博华 邱 荷

责任校对/邱 荷 装帧设计/柳甬泽 张红霞

出版发行/吉林文史出版社 吉林出版集团有限责任公司

地址/长春市人民大街4646号 邮编/130021

电话/0431-86037503 传真/0431-86037589

印刷/三河市金兆印刷装订有限公司

版次/2011 年 4 月第 1 版 2022 年 1 月第 5 次印刷

开本/650mm×960mm 1/16

印张/9 字数/30千

书号/ISBN 978-7-5463-5010-3

定价/34.80元

前 言

　　文化是一种社会现象，是人类物质文明和精神文明有机融合的产物；同时又是一种历史现象，是社会的历史沉积。当今世界，随着经济全球化进程的加快，人们也越来越重视本民族的文化。我们只有加强对本民族文化的继承和创新，才能更好地弘扬民族精神，增强民族凝聚力。历史经验告诉我们，任何一个民族要想屹立于世界民族之林，必须具有自尊、自信、自强的民族意识。文化是维系一个民族生存和发展的强大动力。一个民族的存在依赖文化，文化的解体就是一个民族的消亡。

　　随着我国综合国力的日益强大，广大民众对重塑民族自尊心和自豪感的愿望日益迫切。作为民族大家庭中的一员，将源远流长、博大精深的中国文化继承并传播给广大群众，特别是青年一代，是我们出版人义不容辞的责任。

　　本套丛书是由吉林文史出版社和吉林出版集团有限责任公司组织国内知名专家学者编写的一套旨在传播中华五千年优秀传统文化，提高全民文化修养的大型知识读本。该书在深入挖掘和整理中华优秀传统文化成果的同时，结合社会发展，注入了时代精神。书中优美生动的文字、简明通俗的语言、图文并茂的形式，把中国文化中的物态文化、制度文化、行为文化、精神文化等知识要点全面展示给读者。点点滴滴的文化知识仿佛颗颗繁星，组成了灿烂辉煌的中国文化的天穹。

　　希望本书能为弘扬中华五千年优秀传统文化、增强各民族团结、构建社会主义和谐社会尽一份绵薄之力，也坚信我们的中华民族一定能够早日实现伟大复兴！

目录

一、昭君其人

王昭君，生于约公元前 52 年，卒年不详。西汉南郡秭归（今湖北省兴山县）人，名嫱，字昭君，晋避司马昭讳，改称为明君或明妃。元帝时被选入宫。竟宁元年（公元前 33 年），匈奴呼韩邪单于入朝求和亲，她自请嫁匈奴。因为她主动请缨，离家去国远嫁匈奴，以一个女子的柔弱身躯换来了汉匈长达半个世纪的和平，从而受到后世赞誉。

传说元帝命画工毛延寿为宫女画像，王昭君因不肯贿赂，被画得很丑。后来元帝命其远嫁匈奴时才发现其美，因此杀了毛延寿。昭君出塞的故事成为后来诗词、戏曲、小说、说唱等作品的流行题材。

（一）沉鱼落雁，闭月羞花

王昭君是我国汉朝时期著名的美女，与西施、貂蝉、杨玉环并称中国古代"四大美女"。"四大美女"享有"闭月羞花之貌，沉鱼落雁之容"，"沉鱼、落雁、闭月、羞花"就是由四个精彩故事组成的关于"四大美女"的典故。

"沉鱼"是指"西施浣纱"的故事。传说西施在河边浣纱，清澈的河水映照她俊俏的身影，使她显得更加美丽，鱼儿看见她的倒影，忘记了游水，渐渐地沉到河底。从此，"沉鱼"便成为西施的代称。

"闭月"是指"貂蝉拜月"的故事。传说貂蝉身姿俏美，细耳碧环，行时风

摆杨柳，静时文雅有余，午夜拜月，月里嫦娥自愧不如，月亮也匆匆隐入云中，便有了"闭月"一说。

"羞花"则是来源于杨玉环的传说。杨玉环初入宫时，因见不到君王而终日愁眉不展。惆怅之余，便和宫女们到宫苑赏花，无意中触碰到含羞草，草的叶子立即卷了起来。宫女们都说是杨玉环的美貌使得花草自惭形秽，羞得抬不起头来。从此以后，"羞花"也就成为杨贵妃的雅称。

"落雁"是关于昭君出塞的美谈。汉元帝在位期间，匈奴经常在北方作乱，使得边界不得安静。汉元帝为安抚北匈奴，选昭君与单于结成姻缘，以保

两国永远和好。在一个秋高气爽的日子里，昭君告别了故土，登程北去。一路上，马嘶雁鸣，撕裂她的心肝，悲切之感，使她心绪难平。她在坐骑之上，拨动琴弦，弹起悲壮的离别之曲。南飞的大雁听到这悦耳的琴声，看到骑在马上的美丽女子，竟然忘记摆动翅膀，跌落下来。从此，昭君就有了"落雁"的美称。

"沉鱼落雁，闭月羞花"是人们的一种虚构和笑谈，却是对"四大美女"倾国倾城绝色美貌的传说和比喻。"四大美女"因其美貌而登上历史舞台，她们经

常被后人谈起或缅怀，却不仅仅是因为她们的美貌，更主要的是因为她们在历史上举足轻重的地位及影响。西施忍辱负重、以身许国换来勾践灭吴；貂蝉以其美色巧除吕布、董卓；杨玉环也演绎了一段爱情的神话；王昭君更是去国离乡、远嫁匈奴，在匈奴传播中原文化，以昭君出塞换来汉朝长达半个世纪的和平安宁。

昭君出塞的历史事迹，无论是在历史长河中，还是在人们心目中，都影响深远。或是通过人们口耳相传的绘声绘色

的描述，或是通过人们的想象，昭君的
一生，被完整呈现；在人们绘声绘色的
描述中，昭君的形象变得栩栩如生、有
血有肉、充满血性，集刚烈个性和民族
大义于一身。在民间文学中，有许多关
于昭君的典故和传说，也许这已经不符
合史实，却真实地反映了昭君在人们心
目中的地位和影响，也表现了人们的美
好愿望和对昭君的真挚缅怀。

（二）王家有女，落落初成

王昭君出生时正值汉朝的辉煌盛
世。汉朝经过几位皇帝的治理，延续了
"文景之治"的盛世局面。百姓丰衣足食，

安居乐业。王昭君的父亲王穰生性恬淡，品行温和，生活虽然艰辛，但一家人始终保持先人的传统，没有忘记他们是受人尊敬的诗礼门第。王穰夫妇带着两子一女，勤耕细作，过着稳定安乐的生活。

王昭君上有一哥、下有一弟，哥哥叫王新，弟弟叫王飒，兄嫂对妹妹爱护有加，家境虽然清贫，但辛苦劳累的事情也轮不到她。昭君生下来就聪明异常，相貌又非常美丽，王穰夫妇因为老来得女，更视其为掌上明珠。到了五六岁，王穰便亲自教她读书写字。昭君天赋异禀、冰雪聪明，经常是父亲只教一遍，她便能朗朗上口，学新知识如同温习一般。因此，王穰更加欢喜，认为自己的女儿是个才女，开始倾己所学教授女儿。学习之余，昭君还跟随母亲研习女红。

昭君17岁时出落得不仅相貌出众、落落大方，而且知书达理、温文尔雅，虽成长于穷乡僻壤中，却有一种大家闺秀的风范。方圆百里，无人不知、无人不晓，前来说媒的人络绎不绝。王穰夫妇也想给女儿找一位如意郎君。但是，一来，女儿冰雪聪明，又乖巧异常，作为父母，心中十分不舍；二来，女儿的终身大事，总要寻一位才貌双全的乘龙快婿，不能操之过急。这样，昭君便待在家中，或和父亲吟诗作对，或和母亲研习女红，日子过得也算快乐自在。

二、初入汉宫

（一）力排众议，采选宫女

　　汉朝自从高祖刘邦手提三尺长剑，起义灭秦，建立西汉后，虽然国家时有匈奴在边境作乱，但总体而言，也算是国泰民安，物资丰盈，历代相传，直至汉元帝。高祖刘邦是平民出身的皇帝，深知民间疾苦，即位之后，修正奢华之风，

以免劳民伤财。即便对后宫管理，也要更改先朝制度，规定凡宫中的太监和宫女的人数必须有一定限度，不能超规越限。同时因为选宫女太骚扰百姓、贻害民间，而把选宫女一事规定为二十年一次，后世子孙不得任意变更。后来即位的文帝、景帝、武帝，都是英明之主，勤政爱民，对于挑选宫女一事，皆能恪守祖制。因有几朝皇帝的励精图治，且能前后相袭，才有了"文景之治"的盛世局面。

这样，到了元帝在位期间，后宫宫女便都是前朝遗留下来的。挑选起来，不但才貌俱佳的难以见到，连年龄在20

岁左右的都屈指可数。元帝初时，命妃嫔代自己挑选。看了之后发现没有一个是自己中意的，疑惑是妃嫔们相互妒忌，担心失宠，便不挑相貌出众的来见自己，一气之下，决定亲自到后宫挑选。

旨意一出，后宫哗然。这些宫女自从进宫以来，有些连皇帝的龙颜都未见过，好容易盼到今日皇上亲自挑选，这一选中，不是封妃，便是封嫔，至少也是个美人的位置，从此可以平步青云，

人生命运将瞬间发生改变。所以，后宫宫女都不愿放过这个千载难逢的好机会。

皇上亲临挑选，一看下面的宫女，好似被当头浇下一盆冷水，兴致索然。无望之下，元帝想放弃这次挑选。但圣旨已出，再看下面的宫女个个满怀希望的样子，便只好短中取长地草草挑了两个，可谓乘兴而来，扫兴而归。

此行这样落下帷幕，皇上回去，自然郁郁不乐。皇后察言观色，询问道："是

不是朝中有什么事情？皇上怎么郁郁寡欢呢？"元帝道："朝中能有什么事情？就是因为朝中无事，现在四海安宁，朝政清闲，朕才意欲选几个美貌女子充当妃嫔。但今日在后宫巡视一遍，都是年长且相貌平平之人，因此心中不快。"

皇后含笑奏道："现在宫中所有宫女都是前朝遗留至今的，已经有二十余年不曾挑选宫女。且不要说没有貌美之人，就算是有，现在也年龄稍长，年华老去，这样的人在皇上身边，也缺少风趣，皇上为何要在宫中挑选呢？"元帝问道："不在宫女里面挑选，又去哪里挑选呢？"

皇后道："皇上贵为一国之君，富有四海，普天之下，莫非王土，率土之滨，莫非王臣。您只需下一道圣旨，派遣太监往各个府、州、县暗中察访，遇到美貌女子，挑选前来，还用为此事烦恼吗？"

皇上听完还是心存疑惑地说："到民间选宫女，朕不是没有想过，但是这道圣旨一出，必然会遭到一些老臣的反对，况且，高祖时期就对此事有了规定。祖宗的制度不好违背，所以才屡次动此念头，又屡次打消。"

皇后听完，继续说道："皇上勤政爱民，体恤百姓，考虑得很对。但祖制并没有禁止选宫女，只是限定二十年一次。

从上次选宫女至今已经时隔二十多年了。姑且不说先期宫女们年岁已长、容颜老去，单是长年深居后宫，怨气也越来越重，这样的女子，即使进入皇室，也影响天地和气。陛下可以申明此意，赦她们出宫择人自行婚配，再重新采选宫女。"

皇上一听，龙颜大悦："皇后所言极是，朕明日就下旨选宫女。"

谁知道元帝的圣旨还没有下达，就遭到大臣们的反对。

元帝道："朕因宫中宫女年纪已长，才欲下旨选宫女，这有何不可，你们为何反对？"大臣奏道："臣听说明主都是

亲贤臣远美色，现如今边境刚刚安定下来，匈奴也刚刚停止作乱，陛下理应与民休养生息、共享太平，为何又要做选宫女这种扰民的事情呢？"

元帝道："采选宫女，也是史上常有的事情，怎么就是扰民了呢？"大臣答道："人们对于所生的子女，哪有不心疼爱惜的道理，一听说采选宫女，唯恐自己的女儿进入皇宫、骨肉分离，必定惶惶不安，欲将女儿早日婚配，仓促之间，必定造成许多错配、怨偶，从而贻害终身，这是其一；陛下下旨选宫女，使臣所经过之地，难免发生受贿索贿的事情，民不聊生，此为其二；所选中的宫女，很多不愿意背井离乡、远离父母，然而又被使臣威逼利诱，无奈之间，也有许多或投河或悬梁的，造成轻生，此为其三。有此三不可，所以臣才认为选宫女之事不妥。"元帝听完，便将皇后所说的道理一一道出，并说："朕意已决，不必多言。"

　　元帝对选宫女一事已下定决心，回去便即刻下旨，让内监火速分头下到民间采选宫女。虽然说是暗中查访，但圣旨一下，内监就风风火火地大作声势，采选宫女的消息迅速传播开来。

　　消息传到各家各户，百姓听说皇上要选宫女，凡年龄在17至20岁之间、还没有婚配的少女，必须全部参加。没有女儿的人家自然不用担心，有女儿婚配了的、未满17岁的也不用担心，这可就急坏了家有女儿且年龄在17至20岁之间的人家。不奢望飞黄腾达的人家，唯恐女儿被迫应选，这一旦选中，便要骨肉分离，可能是老死宫中，也永无见面之日了。所以，无论是官宦之家，还

是平民小户，都惊慌失措，纷纷将女儿许配人家。下手早了的，还可以稍微挑选个门当户对的。随着风声越来越紧，官府开始禁止自行婚配，人们便开始不加挑选、乱点鸳鸯，火速婚配。

这可就热闹了，大街上硬拉一个和女儿成亲的也有，年轻貌美的嫁个老光棍的也有。稍微抢手的青年，甚至能一夜之间三次同房。大街上热闹非凡，满是娶亲的场景。但是，喜庆的场面背后，可苦了这些少女和她们的父母，这实在是避免骨肉分离的下下之策了。

后人有诗曰：

> 九重鸾诏出深宫，
>
> 嫁女婚男处处同。
>
> 毕竟青年人爱惜，
>
> 一宵三娶福无穷。

（二）独占鳌头，昭君入宫

秭归乡虽然地方偏僻，但皇上要采选宫女的旨意还是很快传了过来。这一天，昭君正和母亲在房里学习女红，父亲王穰突然慌慌张张地跑进来说："不好了，不好了，听说朝廷要采选宫女，派来

的宫差已经到了城内，城外的人家，都纷纷赶着婚嫁，我们该怎么办呢？"

姚氏说："这事恐怕是谣传，这么大的事情，怎么一点风声都没有呢？"王穰着急地说："我们这里地处偏僻，消息自然来得晚一些，而且，朝廷明令点选期间，不许婚嫁，这一路，各户人家迎亲嫁女都十分隐蔽，你当然不知道了。"

姚氏一听，也开始跟着惊慌起来，但还是自我安慰道："即使这件事是真的，可我们这里是穷乡僻壤，别人应该也不知道我们家有女儿，而且我们的女儿年

纪还小，应该不用担心吧？"王穰还没有听完就急得跺脚说："我们的女儿才貌双全，在整个荆州城人尽皆知。那宫差也肯定要询问本地的官员，我们又怎么隐瞒得过？这次挑选，朝廷规定凡年龄在17至20岁的女子都要参加，我们的女儿今年正好17岁啊，你又怎能说女儿年幼呢！"

　　姚氏越听心里越慌，眼泪就开始往下落，伤心地说："这么说，我们的女儿是逃不过了，这可怎么办好呢？总要想个办法才好，难道要眼睁睁地看着人家把女儿带走，让她一生都待在深宫之中吗？我们只有这一个女儿，怎么舍得呢？"王穰着急地说："我又怎么舍得呢？要躲避应选，也只有像大多数人一样，即刻将女儿婚配，可是仓促之间，将女儿嫁给谁呢？如果胡乱给女儿寻个人家，不是一样耽误女儿的终身大事吗？"

　　王穰说到此处，也是老泪纵横了。

昭君站在一旁，听得清清楚楚，想到可能要远离父母家乡，再相见不知何时，泪水也情不自禁往外涌。然而看到父母难过成这个样子，还是故作从容地说："父亲母亲不要太悲伤，女儿若是不幸入选，进入深宫，也是命中注定要如此，勉强不来的，父母不要因此急坏了身体。"

王穰夫妇看到女儿这样乖巧，到这时候还在安慰父母，心中更加难过。王穰说："女儿啊，怎么这个时候你还在说安慰话，我和你母亲怎么舍得？依我看，也没有别的办法，还是赶快选个少年子

弟，尽早婚配，不论他出身如何、相貌如何，先姑且这样，只要你能躲过选宫女，我们一家人能经常团聚就好。只是时间这样仓促，可能苦了女儿你了，希望不会贻误你终身才好，但事到临头，也只能赌上一回了。"

昭君看见父母这样悲伤，也在那里流泪，忽然听到父亲的话，匆忙将眼泪擦去，说："父亲万万不可以这样！一来采选宫女，是朝廷圣旨，我们作为天朝子民，理当遵旨行事，父亲这样做，不是抗旨不遵吗？二来，这秭归方圆数里，并没有女儿中意的男子。女儿进入宫中

固然是前途未卜，但匆忙找个不知底细的人嫁出去不一样是在冒险吗？女儿如果真的难逃此劫的话，也是命该如此，父母不要过于悲伤。只是若女儿这次不幸入选，就不能在身边守候父母，为父母尽孝道了。"

王穰夫妇听完昭君的话，正要回答，忽然家人来报："荆门知州前来拜访。"

王穰听说州官前来拜访，心想我和州官从来没有交往，这次州官突然到来，肯定是因为采选宫女的事，便想着不去相见。但细想又觉得不妥，倘若直接出去相见，又恐怕不能保全女儿。这下急得王穰左右为难，没有任何办法。昭君见父亲急成这样，从容地说："父亲，州官既然已经到了家门口，也没有不见的道理，父亲还是赶快去相见吧。"

王穰听了，只好小心翼翼地出来拜见。哪知州官早已坐在堂上，见到王穰，含笑说："王老先生请了，无事本官也不

千古留名——王昭君

敢惊扰，只是因为朝廷有旨，点选秀女，久闻老先生有女儿王嫱，可以应选，请老先生赶快将女儿年貌开出，以免耽误应选。"王穰一听，心里非常慌乱，但还是想加以搪塞："在下确实有一个女儿，但无奈女儿现在年纪还小，不能沐浴皇上恩泽，实在是没有福气，有劳知州白跑一趟了。"

知州一听，面露不悦："秭归县所有女儿，本官这里都有记录，你家女儿王嫱，今年刚好17岁，你好大的胆子！竟敢欺瞒，你可知道，你现在可犯下了欺君之罪！"本来这也不是多大的事，选宫女期间，这样的事情多得很，父母担心

032

自己的儿女，撒个小谎，也在情理之中。但知州一想，这样的场景接下来还要面对很多，若不给点颜色，后面的事情也不好办，索性往大了处理。知州说道："来人！把王穰给我带下去！"

这一切，昭君和姚氏躲在屋内全看在眼里，见州官要带走父亲，知道大事不妙，昭君马上挺身而出，高声说道："大人且慢，昭君在此。"声音娇柔婉转，无比动听，如同黄莺在枝头。知州只听过昭君美貌，却并没有见过这个女子，闻声抬头，但见出来的女子人如其声，如同天女下凡，竟不由得看呆了。

昭君上前向州官施礼，道："大人在上，民女王嫱这厢有礼。刚才家父有冒犯大人的地方，还请大人恕罪。父母养育王嫱多年，今天之所以冒犯大人，完全是因为太担心王嫱。试问天下父母，谁会不为自己的儿女担忧呢？谁又愿意让自己的儿女远离父母呢？家父也是情有可原，还请大人宽恕。大人此来，不过是要王嫱前去应选，现在民女已经出来了，一切听从大人安排就是，还请大人网开一面，放了家父。"

知州一听，王嫱的话句句在理，但还欲摆摆架子，就装腔作势地说："这……，你父亲不但顶撞本官，还违抗圣旨，罪名这么大，又怎么能任你说放就放！"

王嫱看知州还要矫情做作，不肯释放父亲，便郑重地说道："大人要王嫱前去应选，王嫱已经遵命，大人为何还不释放家父呢？民女在这里也奉劝大人一

句，威风不能施尽，王嫱此次前去，是
应选进入皇宫的，未必永远没有出头之
日、得志之时，还希望大人能行个方便，
也为自己行个方便。王嫱虽然身为女子，
但也恩怨分明，大人今天若把威风施尽
了，恐怕日后会后悔莫及啊！"

州官一听，大吃一惊，自己寻思："这
个女子不简单，仗着自己才貌双全，拿
这些话来给我下马威，不过我还是小心
为好，免得他日这个女子得宠，我倒真
的追悔莫及了，不如依她算了。"想到这里，
便和颜悦色地说："你既然已经依了本官，
本官也不是不通情达理，只要你现在上
轿随本官而去，自然马上释放你父亲。"

王穰夫妇看到事情已经到了这一步，
双双哭成泪人。昭君再请求道："谢大人。
父母养育昭君多年，此次一去，就不知
道何时才能再相见了，所以，王嫱斗胆
恳请大人容王嫱和父母聊叙别情，望大
人恩准。"州官看见王昭君楚楚可怜的

模样，且请求在情在理，也不好反驳了。

就这样，昭君和父母兄嫂抱头痛哭一场，也就上了官轿。这个知州选到昭君这样的美女，自然心花怒放，火速回府面见宫里派来的差役。

宫差听见知州的话，并不以为然，知州口里的美女，前前后后他也见了许多，大多都是歪瓜裂枣，无法面圣。但知州坚持说王嫱美貌天下无双，宫差也就随他意思，见上一见。

昭君闻令，款款而出。宫差这一见，不禁心下疑惑：天下真有这样的女子？真有这样的美貌？他心下大喜，既然选到王昭君这样的美女，自然是火速回长安邀功请赏了。

公元前 36 年仲春，王昭君挥泪告别父母乡亲，登上雕花龙凤官船顺香溪，沿长江而下，逆汉水，过秦岭，仅在路途中，就用了三个月之久。前方是福是祸，进入宫中会是怎样的生活，这一切都不可知，也只有静候命运的安排了。

这一日终于到了京城长安。这些宫女被安排在掖庭，等待元帝召见，宫差则前去面见圣上，邀功请赏。

元帝听完宫差的描述，龙颜大悦，立刻传旨："你前往各省采选宫女，办事辛苦、勤劳有加，沿途保护宫女，也没有任何闪失，功劳不小，朕就赏你黄金百两，假期一个月，下去吧。"

这个宫差，本想赶在其他女子进宫之前，将王昭君亲自献给皇上，不想得到皇上这样的夸奖和赏赐，兴奋之余，竟然把王昭君给忘了。他领旨谢恩后，将花名册交给他人，自己便回家歇息去了。

宫差这一走，把王昭君的一生给改变了。如果没有元帝给他的这一个月假期，又怎么会遗漏了昭君这样的美丽女子。也或许，命中注定，王昭君就是要远嫁匈奴。

三、请缨出塞

　　元帝虽然对这批宫女非常期待，但也不是个完全沉迷于女色的皇帝。身为一国之君，自然还有很多国事要处理，对于这些宫女，当然没有时间来一一观看，便宣画师毛延寿来见，命令他将这批宫女的容貌一一画下来，这样，元帝就可以按图索骥，自己选嫔妃了。

（一）自矜娇艳，不顾丹青

毛延寿，杜陵人，人称"杜陵毛延寿"，善于绘画，花虫鸟鱼在他的笔下出现，无不栩栩如生，但他最擅长的还是画人。他笔下的女子，即使相貌平平，经过他的点染，也能神采飞扬、风姿飘逸。就是因为他有了这等绝技，才被选入宫中，成为宫廷画师的首领。宫女初进宫，都是先由毛延寿为她们画像，后呈给皇上观看。

这一天，这些后宫的宫女终于等来

了消息：皇上要派"杜陵毛延寿"前来为秀女画像了。后宫之中开始人心惶惶，闹得纷纷扬扬，人人心潮涌动。

宫女们知道自己的命运全部仰仗毛延寿的画笔了，只要毛延寿在自己的画像上多下点工夫，皇上的目光便可以在自己的画像上多停留一段时间，自己的机会也就大些。想到自己这一生可能因为这张画像和这个毛延寿的画笔而改变，有心计的宫女便暗自下工夫，背地里给毛延寿送去厚礼，请他多多照顾。

而毛延寿得到这样的美差，心中好

不快活！既可以浏览美色，一饱眼福，又可以收受贿赂，中饱私囊，何乐而不为呢？所以但凡有人送来财物，便欣然收下，根据来人送礼的多少、厚重来决定画成什么样的容貌。贿赂多的，即使相貌平平，也可以列在一等，贿赂轻的，便列在二等，若没有贿赂，不要说锦上添花，便只是要画出本来的面目，也是不可能的了。

这天，毛延寿高高兴兴带领十几个画工，兴冲冲来到后宫，准备为宫女画像。刚到后宫，来求画像的宫女就络绎不绝。毛延寿往这些宫女中一看，只见胖的、瘦的、高的、矮的，什么样的都有，真是良莠不齐。有些虽然有几分姿色，但也是庸脂俗粉，没什么味道。但收人钱财，替人办事，毛延寿便开始有选择地替人画像。

画了半天，毛延寿也确实厌倦了。正在这时，只见走进来一个美人，面如满月、肤如凝脂，行如弱柳扶风，且落落大方，毫无阿谀奉承之色，和刚才的庸脂俗粉相比，简直是鹤立鸡群，站在那里，宛如月宫中的嫦娥仙子下凡一般。此人便是王昭君。

这毛延寿一看便呆住了，半天才回过神来，开始为昭君画像。但凝视昭君半天，又总觉得不知道从哪里下笔才好。好容易动了笔吧，又觉得怎么画也画不出昭君的那份神韵，画像总是不如本人生动。于是画了撕、撕了又画，但还是不能画出昭君的美貌，不觉疑惑："我毛延寿当了数十年的画师，不敢说见多识广，但自信这宫中美女，也见过无数、画过无数，总是一挥而就，并没有什么难的，今天的状况，还不曾出现过。不但这个姑娘的神韵气质画不出来，单单是她的面容形体，也很难把握，这画像和姑娘的容貌相比，总还是少三分神韵。"

毛延寿再看这个王昭君，温文尔雅、落落大方，至今一句话也没有说，对自己为她画像并没有什么嘱咐，心下不悦，便暗示道："美人有倾国倾城的美貌，这张图还真是不容易画，我已费尽精力，姑娘这张画，已经有七八分相似，现在只剩下润润色，便十全十美。不是在下夸口，姑娘也就是遇见我了，除我之外，姑娘恐怕即使重金悬赏，也找不出能把姑娘神韵画得更好的人了。"

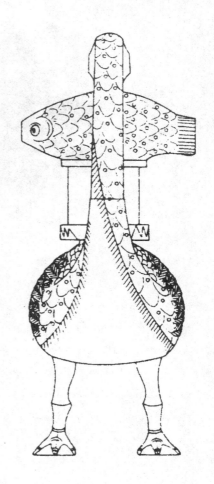

毛延寿的言下之意，无非是让王昭君送些钱财，自己才肯在这"七八分相似"上加三分神韵，好呈现给皇上。说完这些话，斜眼观看王昭君，这个女子却还是不为所动，便再点化道："姑娘纵然是国色天香，倾国倾城，但无奈皇上国务繁忙、日理万机，不能亲自一睹姑娘绝色容貌，姑娘的容貌也只能依靠在下的一支画笔了，换言之，在下画成什么样子，皇上就看见什么样子，在下的这支笔可

是关乎姑娘的前程和家族命运啊！"

王昭君来画像之前，早就听到宫女们议论毛延寿的画技如何传神，并且也从她们议论送多重的财物给毛延寿才能让他把自己画得貌美如花的言论中，对这个毛延寿的人品有所了解。但无奈昭君素来家境贫寒，拿不出什么财物，再加上自知容貌出众，并不指望别人为自己锦上添花。况且，昭君对绘画也有一点了解，画人本来就要画得形似和神似，若根据别人给的财物来给人画像，不是失去了画像的目的，也犯下了欺君之罪吗？

王昭君冰雪聪明，怎么能不明白毛

延寿费尽心机的一番点化？只是故意不
搭理他罢了。

　　毛延寿看见自己花费一番口舌，这个
王昭君却并不买账，没有任何反应，便
开始恼羞成怒，但表面上却说："姑娘的
画像现在已经有七分相似了，再渲染一
番，就可以呈现给皇上了，可在下今天实
在是画太多了，现在也有些累了，不如我
将图带回去，晚上再修饰一下。姑娘还
是先回去吧。"

　　昭君听完，也就不做言语，便回去
待命了。

　　毛延寿回去越想越气：这个王昭君，
自恃有几分姿色，未免也太清高、太不

把本官放在眼里了！我就把她的画像动个手脚，让她永远别想再见天日！毛延寿对着昭君的画像，想着怎么动手：这么美的人，这么美的画像，该怎么下手呢？想来想去，终于有了主意：我就在她的脸上点上一颗丧夫落泪痣，看她怎么有出头之日！

几天之后，这些秀女的画像终于画完呈现给元帝。元帝逐张翻阅品味着这些画像，突然，一张画像吸引了他的注意，这张画像上的女子美貌简直赛过天仙，却在眼睛下面长了一颗痣。元帝便问毛延寿："这张画像上的女子是怎么回事？"毛延寿奏道："此女确实精致美丽，

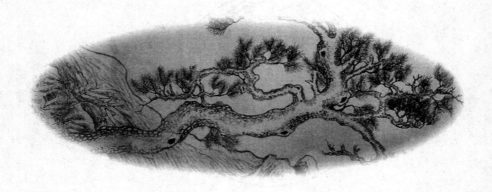

十分端庄，但是她的脸上有一颗痣，这个痣，俗名叫做丧夫落泪痣。这样的女子，皇上千万不要接近，否则会有性命之忧啊！"

元帝听后，大怒道："这样的女子，也胆敢进宫来！传旨下去，将她贬入冷宫，面壁思过，不到三年，不得出来！"

毛延寿的这一笔，真的是彻底改变了昭君的未来。昭君被打入冷宫，再也无缘见到皇上，昭君固然错过了皇上，但皇上也错过了昭君。这一命运的转变，不知道谁会更后悔一些呢？

（二）匈奴和亲，毛遂自荐

汉宣帝末年，北方匈奴纷争不断，握衍朐鞮单于趁虚闾权渠大单于病逝之际，趁势而起，占领属于虚闾权渠大单于的王庭和草原，自立为握衍朐鞮单于，并且将虚闾权渠单于的两个儿子呼图吾

斯和稽侯珊收押到自己军中。握衍朐鞮单于统治草原期间，荒淫残暴，对于不服他统治的单于和部族首领举兵就打，即使是迫于他的淫威臣服于他，也需要将自己的儿子押在握衍朐鞮单于的王庭中作为人质。

数年以后，稽侯珊以成亲为理由离开王庭，并迅速集结各个部落的兵力，建立属于自己的力量，被拥护为呼韩邪单于。呼韩邪单于率兵攻打握衍朐鞮，要夺回王庭和草原，重建自己父亲在位时草原的安定团结局面。握衍朐鞮灭亡以后，草原形成几支重要的力量，各自带领自己的部落和势力，相互之间征战不止，形成相互割据的局面。

呼韩邪单于消灭车犁后，统一匈奴东南方，与汉朝接壤。此时草原上还有屠耆和郅支两支力量，草原一分为三，形成三足鼎立的局面。三个部落都想统一草原，但又都不敢轻举妄动，担心螳螂捕蝉，黄雀在后，被第三方乘虚而入。呼韩邪单于一心想消灭屠耆单于和郅支单于，统一草原。但呼韩邪单于的部族却处在一个尴尬的位置上，自己不起兵，别的匈奴部落却要攻打自己，自己若起兵，又担心汉朝趁机出兵，将自己一举灭掉。

再说匈奴所处的地带，全部是草原，不能种植庄稼，也没有匈奴最需要的铜铁等金属。以往汉匈关系和好的时候，边境地带关市大开，匈奴和汉人就在边境地带以匈奴的牛羊皮毛换来汉人的粮草金属，各取所需。而碰到两边互不往来的时候，匈奴需要的东西，便只能依靠抢来解决，从而使边境地带战乱不断，

两地百姓也惨遭涂炭。

呼韩邪单于百般权衡、千般考虑，为了自己部族的安全，也为了两地的安宁和平，决定和汉朝缔结友好盟约，也以此束缚屠耆和郅支的力量。而中原和匈奴，从古到今纷争不止，中原费尽周折想要收复匈奴，一直难以如愿以偿。现在既然呼韩邪愿意同汉朝缔结友好盟约，当然是件好事。汉朝皇帝答应了呼韩邪的请求，同时也允诺呼韩邪，可以派兵帮助呼韩邪消灭屠耆和郅支，统一草原，让呼韩邪成为草原上最大的首领。

两地缔结友好盟约后，汉朝也遵从自己的约定，迅速出兵，帮助呼韩邪消灭郅支和屠耆，结束草原上割据的局面，呼韩邪也终于重新占领王庭，成为草原上唯一的首领。

公元前33年，呼韩邪单于再次前来汉朝，并对汉称臣，为了表示自己的诚意，呼韩邪愿意娶汉家公主、为汉家婿，以

结永久之好。

听到这个喜讯，朝廷上下一片欢腾。元帝为了汉匈和平，愿意将长公主许给呼韩邪单于。这个消息传到后宫，皇后却哭哭啼啼，不肯同意。想想也是，即使是在普通人家，为人父母的，也不愿意将自己的女儿许给匈奴，远嫁荒漠，更何况是娇贵的公主呢？

令皇后欣慰的是，皇上的这个决定也遭到朝臣的反对，有大臣反对道："皇上此举万万不可，高祖在位时，逢匈奴和亲，就从宫中挑选一个宫女，赐其公主称号，厚备嫁妆，送去和匈奴和亲，历来安稳无事。皇上仔细想想，如果真的将长公主送去匈奴和亲，两地安定和平、夫妻关系和睦还好，一旦遇上汉匈关系恶化，先受累的必然是长公主。而且，万一长公主和单于闺房反目，那么我大汉便既不能弃之不理，又不能兴师动众。因此，皇上此举不妥，皇上还是按照高

祖的做法也从后宫中选一个宫女，委以公主称号，代长公主前去和亲吧。"

元帝认为此话有理，便传令下去：令掖庭令在后宫选前去和亲的女子。

但是，这样的女子并不好选，因为和亲一事，首先要本人情愿，万一找一个自己不情愿，被逼无奈才前去的女子，到了胡地心生怨恨，万一做出影响两地安宁的举动，就前功尽弃了；除了情愿，相貌即使不倾国倾城，也要周正一些才好。

但这后宫女子，长得但凡有点模样的，都宁愿在后宫做着让皇帝临幸的美梦也不愿前去荒漠，远嫁匈奴；好不容易有同意的，都是模样不怎么样，自己也觉得待在后宫没什么希望的。派这样的人前去和亲，对呼韩邪也不是个交代。眼瞅着日子一天天过去，掖庭令因此一筹莫展。

再说昭君因为"欺君"被贬入冷宫以来，每日打扫浆洗，闲时便练习琴棋书画，这一转眼，就是三年的时光。

这一天，昭君忽然听到匈奴呼韩邪单于前来和亲、掖庭令正在后宫挑选女子前去和亲的消息。昭君虽待在冷宫中，但外面的消息还是知道一些，后宫中的人经常议论，说呼韩邪单于英勇无比，

且智勇双全，有胆有识，是当今世上真正的英雄。

昭君心中忽然冒出一个念头：和亲？难道我真的要前去和亲吗？真的要前去荒漠，永远远离家乡吗？现在的生活固然是不见天日，然而如果去和亲会比现在好吗？但是，这个后宫，比牢笼还要可怕，表面上锦衣玉食，实际上却不知道有多少鲜活的生命在不知不觉中葬送了。后宫里这么多的女人，却都只为一个男人而活着，全然看不到外面的世界，那个男人是她们唯一的信仰，为此勾心

斗角是她们唯一的事业。外面的阳光再灿烂，却永远照不进这个后宫来。这样的生活，总是看不到未来；但自己的一生，却又似乎一眼就能够看到尽头。自己真就这样在暗无天日的宫中了此一生吗？

昭君顿悟："如果不去和亲，待在宫中，我就能见到父母、回到家乡吗？也许，这是命运给自己开的一扇窗，要放自己从这不见天日的后宫中出去吧？是的，应该是这样的，呼韩邪单于是命运派来的吧？那就听天由命好了。"

掖庭令正在为挑选宫女的事一筹莫

展，忽然听到宫女来报，说有一个叫王昭君的自愿前去和匈奴和亲。掖庭令闻讯大喜，这个王昭君，掖庭令也见过几次，这样才貌双全的女子，简直是和亲的最佳人选，皇上和呼韩邪定会赞不绝口的。

元帝听到掖庭令所奏，很是诧异："后宫竟然有这样深明大义的女子？自请下嫁匈奴，去塞外承受风霜之苦？好！重赏！"再仔细一想："王昭君这个名字好熟悉，在哪里见过呢？对了，这不就是毛延寿所说的脸上有丧夫落泪痣被打入冷宫的王昭君嘛！还好匈奴并不讲究汉朝的这些风俗。但这个女子好奇怪，朕倒要见见。传旨下去，带王昭君来见朕。"

元帝坐在殿上，但见一个婢女搀扶一位绝色佳丽，莲步轻移，缓缓走来，人未到，却先闻到一股清香。远远望去，如同出水芙蓉，娇艳无比，距离越近，越是光彩照人。待这个美人走到眼前，元帝定睛一看，并没有什么丧夫落泪痣，怎么会这样？元帝问道："你真的是王昭君？"昭君轻声答道："小女王昭君，叩见皇上。"

元帝方寸大乱。"朕怎么不知道朕的后宫里有这样的绝色女子？是谁欺骗了朕？朕真的要将这个王昭君送去给匈奴吗？将这样的女子送到塞外去，岂不是暴殄天物？"

元帝便想收回圣旨，将昭君留在自己身边。但满朝文武纷纷阻止："皇上身为一国之君，金口一开，成命难收啊。"元帝怎么能不知道这样的道理？只是不舍得罢了，但圣旨已下，反悔确实不是一国之君的所为。这样，昭君出塞既成事实。

为了纪念匈奴和亲，元帝将国号改为"竟宁"，赐昭君公主的封号，送昭君丰厚的嫁妆，又为昭君的兄弟加官封赏，并亲自送出长安十里，眼睁睁看着昭君随呼韩邪单于去了。

但元帝还是难以咽下这口气。这么

少见的一个美人在自己的后宫里自己却不知道，竟然就这样眼睁睁地看着她去了匈奴。元帝越想越气，便立刻传旨：将这个毛延寿拉下去，斩立决！但是，杀掉毛延寿也于事无补。正如后人在诗中所说：

汉宫有佳人，天子初未识。

一朝随汉使，远嫁单于国。

绝色天下无，一失难再得。

虽能杀画工，于事竟何益？

……

昭君出塞后三个月，元帝也驾崩了。

后人传说元帝是因为对昭君思念过度，悔恨不已，最后成了心病而死去的，事实是不是这样就不可知了。

而呼韩邪单于对于王昭君是真公主还是假公主的事情也是心中有数，只是在匈奴的生活习俗里，只看重两相情愿，并不那么注重门第出身罢了，再说，这个昭君年轻貌美，又知书达理，而且是自愿来匈奴，不是真的公主又有什么关系？

但是，呼韩邪单于的次子举莫车却并不这么认为。举莫车本来就不支持汉匈和好，这次自己的父王对汉称臣，甚至自请为婿，更让举莫车不满，因此对这个汉家女子王昭君始终心存芥蒂。

四、汉匈和平

昭君在宫中过的是暗无天日的生活，正是为了不再这样过下去，才铤而走险选择远嫁匈奴，那么，昭君的塞外生活又将如何？

（一）昭君出塞，西出玉关

昭君跟随呼韩邪单于的一行人马，浩浩荡荡来到匈奴。这一路，风餐露宿、

长途跋涉。

汉朝帮助呼韩邪单于统一草原之后，呼韩邪单于入主王庭，但草原上并不安宁，还是有一些屠耆和郅支的残余军队在草原兴风作浪。这次听说呼韩邪单于已经和汉朝和亲，并正和迎娶的公主行进在回匈奴的途中，便趁机从中挑起是非，希望呼韩邪单于和大汉再起争端，好渔翁得利。

因此，昭君这一路并不太平，沿途遭到很多的袭击和掠杀，昭君也承受很多委屈和风险。此时正是中原春暖花开的三月，但在塞外却还是寒风凛冽的季节。这样的艰辛致使王昭君病倒在漫漫长路中，车帐只得暂时停止前进。养病期间，她想起了父母兄弟，再看到塞外的萧瑟秋风，心中不免伤感，但想法从来没有改变。呼韩邪单于和汉朝也都以和亲为重，相互信任，才没有中奸人的计策，破坏汉匈和亲的大计。

就这样，王昭君在呼韩邪单于的车毡马队的簇拥下，肩负着汉匈和亲之重任，别长安、出潼关、渡黄河、过雁门，一路散发从长安带来的粮种，受到百姓的爱戴。

昭君出塞，在路上就走了一年多，终于于第二年初夏到达漠北，受到各个部族的盛大欢迎。大家争相出来观看这个汉家来的阏氏，一睹昭君的芳容。看到自己的单于娶了这么美丽的女子，大家

都非常高兴。

呼韩邪单于，被称为草原上的英雄，兼具雄才大略和文治武功，又有远见卓识，虽然英武彪悍，尚武善战，却并不是和其他匈奴首领一样，认为匈奴是最优秀的民族，汉匈关系势不两立。呼韩邪单于早就认识到汉匈和亲是可行的，也是必然的。

呼韩邪单于，在年龄上和元帝不相上下，简直可以做昭君的父亲了，当元帝的女婿也是无奈之举。呼韩邪单于，就是草原上的皇帝，皇帝自然不止有一个女人，呼韩邪单于也一样，在昭君前来草原以前，呼韩邪单于已经有了五个阏氏，儿子女儿也已经一大堆了，昭君嫁

给呼韩邪单于，会有幸福吗？

这一天，呼韩邪单于的人马分成两队，欢迎呼韩邪单于和昭君的归来。人群看见呼韩邪单于手拉一个女人慢慢朝着王庭走来，大家欢呼道："我们新阏氏回来了，单于回来了！"呼韩邪单于满面笑容，高兴地宣布："这位汉朝公主，就是我给咱们匈奴带回来的新阏氏，我封她为'宁胡阏氏'，希望她能给匈奴带来和平和安宁，从今天起，她就是你们新的女主人，也是我的最后一个阏氏。"人群开始欢呼起来。

昭君已经在宫中被冷落了很久，她

没有想到，在远离汉朝的草原上，能受到这样隆重的欢迎和爱戴，能获得这样的殊荣，呼韩邪单于竟然宣布她就是单于的最后一个阏氏，对于一个女人，这真的是天大的恩宠了。

善良的人们仰望着昭君，不停地发出赞叹声，草原上一片欢腾，年迈的呼韩邪单于也笑逐颜开。看着这一片祥和景象，想着呼韩邪单于这一路对自己的呵护和爱惜，昭君突然爱上了这片土地，爱上了这些陌生的子民，脸上也露出了久违的笑容。

在人群中，还有五个女人，她们就是呼韩邪单于的五个阏氏。大阏氏简直被昭君的美貌吸引了，说："她真是我见过的最美丽的女人，她就是昆仑神赐给我们匈奴的礼物。我能看出来，她不仅美丽，而且善良，我已经喜欢上她了。"二阏氏也说："是的，她简直就是天下最美丽的女人了，你看我们的单于，从来没见他笑得这么开心，他一定非常爱这位宁胡阏氏。"

五位阏氏中，只有五阏氏闷闷不乐，看见单于柔情似水地看着昭君的眼神，五阏氏既羡慕又嫉妒。在没有这个汉朝公主之前，单于只有看自己时才有这种眼

神，但是现在这个汉朝公主来了。五阏氏恨恨地说："看吧，快看吧，看看我们的单于看这汉朝公主的眼神，简直恨不得把她给看化了。这位公主一来，就要把单于对我们的爱全部抢走了。"

五阏氏本想让其他阏氏和自己站在一起，不料四阏氏冷笑着说："没有关系，反正宁胡阏氏没来之前，你也已经把单于的爱全抢去了。"

人群中的举莫车看见五阏氏又羞又气，便偷偷地把五阏氏拉过来，告诉五阏氏："这位汉朝公主虽然长得漂亮，但并不是什么公主，只是一个顶替公主的普通人家的女子罢了。看她现在高兴的样子，简直真把自己当做尊贵的公主了，五阏氏你何不去羞辱她一番呢？"

五阏氏愤愤地冲到人群前面："这位汉朝公主，我要问你，我听说你并不是真正的公主，你们汉人为什么找个假的公主来欺骗我们呢？"昭君镇定地朗声

回答："因为我比那些真的公主更愿意到匈奴来！"昭君刚回答完就得到下面人群的响应。

五阏氏还是不甘心，说："可是你们汉朝派个假的公主来我们匈奴，这不是看不起我们匈奴吗？这简直就是对我们匈奴的侮辱！"昭君正要回答，呼韩邪单于答道："如果真的是这样，就更表达了大汉的诚意。大家试想一下，如果昭君真的是个普通人家的女子，她这么美丽，汉朝皇帝完全可以将她留在自己身边，但他还是让宁胡阏氏到我们匈奴来了，这不正体现了皇帝的诚意吗?再说了,是不是真的公主又有什么要紧,她就是天下最好的女人,是昆仑神赐给我们匈奴的最好礼物。"人群开始欢呼起来,喊着"宁胡阏氏"的封号。

五阏氏灰溜溜地退下去了。

就这样,王昭君开始了在匈奴的生活。

在中原和匈奴的外交关系中,和亲之所以成为最受欢迎的方式,还有一

anté

个原因。原来，匈奴的阏氏虽然在地位上相当于汉朝的皇后，但实际上，在匈奴的风俗中，男尊女卑的观念并不严重，因此，匈奴的阏氏并不像中原的皇后一样，只能管理后宫，不能过问朝政。匈奴是一个游牧的民族，没有那么多的规矩和礼数，谁讲的有道理就听谁的。所以，匈奴的阏氏拥有很大的权力，可以在朝政上辅佐单于。也因为这样，汉朝才愿意采取和亲的政策，汉家的女儿到了胡地，便可以辅佐单于，为汉匈和好做出

贡献。

依匈奴习俗，都是男人出去打猎，女人负责将男人带回来的皮毛做成衣服，在饮食上也是茹毛饮血。生病了，并不去看医生，而是请巫祝来施法祛除。如果需要什么匈奴没有的东西，就赶着牛羊前去边境的关市上换。看见这样的情形，昭君上书汉朝，请求汉朝可以送一些种子和器具给匈奴。

这时在位的已经是汉成帝了。看见现在汉匈和睦，边境安宁，百姓安居乐业，成帝爽快地答应了。

这些东西送到匈奴，大家都很惊奇。昭君便亲自教她们如何使用织布机，如何种植庄稼。遇到有人生病，昭君还亲自前去探望，并送去药材。闲时还向他们讲解中原的风土人情，传播汉朝的文化和礼数，教她们学习汉字。人们都开始称颂宁胡阏氏，昭君也越来越受到匈奴人民的欢迎和爱戴。

呼韩邪单于看到自己竟然从汉朝娶回来这么美貌贤惠的阏氏，对汉朝天子感恩戴德，安心发展匈奴、促进汉匈和好，对汉朝也忠诚不贰。

（二）入乡随俗，夫死从子

得到昭君这样既美丽贤惠，又热爱匈奴的女子，老迈的呼韩邪单于如获至宝，对昭君疼爱有加。昭君也没有想到，在远离家乡千里之外的荒漠上，竟然还能享受到单于这样的恩宠，对呼韩邪单

于也更加感激，尽心尽力辅佐单于。

转眼间，昭君已经在匈奴度过了几年的时光，和呼韩邪单于相敬如宾，生活非常美满，并生下了一个儿子，呼韩邪单于为儿子取名伊屠智伢师，封为右谷蠡王。然而，呼韩邪单于还是老了，又过了一年，老迈的呼韩邪单于就去世了，这一年王昭君才 24 岁。

按照匈奴的风俗，呼韩邪单于的长子雕陶莫皋继承单于的王位，成为复株累单于。

前面已经说过，匈奴人骑马射箭，

弱肉强食，保留着很多比较原始的风
俗，其中就有一个让昭君难以接受的礼
俗——收继婚制。"父死，妻其后母"，
意思是说，父亲死了，做儿子的可以继
承父位，同时可以将自己的后母娶过来
做自己的妻子。这个习俗，是和汉朝的礼
数相违背的。在汉朝，母即是母，子即
是子，作为儿子的，不论如何也不能对自
己的母亲有非分之想。匈奴这样的风俗，
在汉朝中原就算乱伦了。

　　本来，呼韩邪单于去世以后，昭君
就万念俱灰，现在听说这个风俗，更是
不能接受，立即上书汉朝皇帝，说明匈

奴的风俗与礼教的背离，请求归汉。昭君以为，自己已经完成了使命，现在匈奴的收继婚制风俗有悖自己的伦理观，汉朝一定不会同意的。昭君也坚信，汉朝不会让自己的公主在匈奴受这样的侮辱。

但是，现在在位的已经不是那个对昭君依依不舍的元帝了，而是元帝的儿子汉成帝。成帝对昭君并没有什么印象，而且，虽然得到了公主的封号，但王昭君毕竟不是汉朝的公主。看到昭君的书信，汉成帝几乎毫不犹豫地从汉朝利益出发，下诏书，令王昭君以大局为重，继续待在匈奴，并入乡随俗，继续做新单于雕陶莫皋的阏氏。

昭君已经在塞外待了好几年，虽然呼韩邪单于对她不薄，但毕竟呼韩邪单于已死，昭君想要回到汉朝，也是合情合理。昭君满怀希望，终于等到汉成帝的诏书，结果却是命自己入乡随俗，昭君欲哭无泪，也只好忍受极大的耻辱做了雕陶莫皋单于的阏氏。

再说呼韩邪单于的长子雕陶莫皋与昭君年纪相仿，也是一代豪杰，继承了呼韩邪单于的谋略和才能，既骁勇善战，又具有远见卓识，自从在汉朝见到王昭

君，就对王昭君念念不忘，梦想也能够像自己的父亲一样，娶到这样的女子。在匈奴人的草原上，美丽的女子就应该得到大家的喜爱，这是毋庸置疑的。父亲去世，长子娶自己的继母，也是司空见惯的，呼韩邪单于当年就娶了自己的继母。

可是，雕陶莫皋单于也知道，这次的情形不一样。这次自己想要娶的是汉朝公主，虽然她现在身在匈奴，也能够遵从匈奴大部分的习俗，但这个习俗与中原的礼教相差太多，雕陶莫皋单于也不能勉强她。听说昭君已经上书皇帝，请求归汉，雕陶莫皋单于也只有听从天命，任昭君去留。

这一天，听说汉朝皇帝的诏书下来了，雕陶莫皋心情忐忑，以为自己不但不能娶到昭君，而且怕是连昭君的面也见不到了。雕陶莫皋单于听完成帝的圣旨，喜出望外，汉成帝不但没有将昭君接回，反而尊重自己民族的风俗，让昭君做自己的阏氏。雕陶莫皋单于惊喜万分，对汉成帝也感恩戴德，更加忠贞不贰。

就这样，雕陶莫皋单于高高兴兴地迎娶了自己心爱的女子——王昭君，王

昭君继续待在匈奴做宁胡阏氏。年轻的雕陶莫皋单于能够如愿以偿地娶到梦寐以求的女子，因此对自己的妻子更加疼爱，匈奴的人民也因为善良美丽的宁胡阏氏能够继续留在匈奴而一片欢腾。昭君和复株累单于开始了新的生活。

虽然雕陶莫皋单于对昭君十分疼爱和包容，但有一点，复株累始终耿耿于怀，那就是昭君和呼韩邪单于的孩子——伊屠智伢师。这个还在襁褓中的孩子，一方面，是自己同父异母的弟弟，另一方面，又是自己刚过门的妻子带来的孩子，复株累单于从伊屠智伢师的兄长变成了继父。但是，复株累单于已经有了自己中意的继承人，谁能保证这个小家伙长大以后，不会篡夺自己的单于之位呢？于是，复株累单于一狠心，还是将昭君带来的孩子杀掉了。这就是《南匈奴列传》中记载的："初，单于弟右谷蠡王伊屠智伢师，以次当位左贤王。左贤王即是单

于储副。单于欲传其子，遂杀智伢师。"

从这天起，昭君开始和自己的第二任丈夫过新的生活。此后十一年，是昭君最为稳定和幸福的时期，她和复株累单于又生下了两个女儿，冷清的毡房，照进明媚的阳光，传出孩子清脆的笑声。两个女儿长大后分别嫁给了匈奴的贵族。

纵观昭君的一生，应选进宫、和亲出塞、再嫁风波，每一次选择都是一种前途未卜的铤而走险，可能真的是天佑佳人，昭君的每一步都有惊无险，在远离国土的千里之外，昭君得到了呼韩邪单于和复株累这两个首领的疼爱，这也算是对昭君出塞的一份补偿了。

十一年后，复株累单于也去世了，此时的昭君已经 35 岁，再也没有了婚姻的想法，而大汉朝，似乎也已经把这个毛遂自荐的民间公主给忘记了，此后，再也没有圣旨传来。此时的昭君已经将自己的一切留在了草原，也不再惦记归汉的事，便整日在匈奴参加一些活动，切实为匈奴的发展和汉匈和睦尽着自己的一份力。

昭君用自己微薄的力量，为汉匈和睦做出了贡献，让汉朝和匈奴换来了半个世纪的和平，这份安宁一直维持到一个著名的历史人物走向历史舞台——王莽。王莽是元帝在位时的皇后王政君的侄子。王莽篡位以后，匈奴和汉朝的和亲关系也就解除了，再加上匈奴并不认同这个"王氏政权"，便重新开始在边境活动起来，中原和匈奴的关系再度恶化。

　　眼看着自己辛苦维持的和平局面开始瓦解，昭君郁郁而终。

　　昭君究竟死于何年何月，史书上都没有明确的记载。但在昭君死后，在漠南和漠北地区，匈奴人和汉人共同为昭君修建了十几座昭君墓，佐证了昭君的诺言——她把自己的一切都留在了塞北草原。

五、百世流芳

（一）昭君出塞的历史功绩

昭君出塞以后，汉匈两族团结和睦，国泰民安。史书上记载："边城晏闭，牛马布野，三世无犬吠之警，黎庶忘干戈之役。"意思是说："昭君出塞以后，边关安宁，牛羊遍野，普通人家的狗在半夜再没有叫过，黎民百姓再也没有受到

骚扰，甚至把汉匈之间的战争都给忘了。"

汉匈和好，受益最大的莫过于两地的官兵和百姓。两地和好以后，边境地区重新开放关市，匈奴的人们赶着牛羊、携带毛皮前来关市换回汉朝的粮食和金属，大家各取所需，百姓安居乐业，边关的将士也省去军役的劳苦。以往始终箭在弦上的边关开始安宁繁华起来。

昭君换来的中原和匈奴的和平实在是太难得了。从西汉建国起，外来的骚扰就没有停止，其中，又以北方的匈奴闹得最凶、最难以控制。匈奴的强盛，始自西周。到秦始皇时，连年用兵，竭尽国力，才使匈奴退去，不敢南下。但这并没有使秦始皇高枕无忧，因为担心匈奴再度入侵，这才修建了长城，巩固边防，费天人之力，得一时之安宁。

到西汉高祖刘邦时，匈奴又重新入侵中原，高祖刘邦亲自率兵抵御，却被困平城。后来不得已才听从朝臣的建议采用和亲之计，以示友好。这种情况下的和亲，算是比较屈辱的。及至到了汉武帝时期，欲雪前朝的耻辱，派遣霍去病、卫青等将领对匈奴领兵征讨、大加挞伐，匈奴节节败退，被逼无奈，也沿用汉朝的计策，与汉朝和亲。这样以来，两地相安无事数十年。

从汉宣帝末年到汉元帝时期，匈奴和汉朝又时有战乱发生。为了两地百姓安宁，这才有了呼韩邪单于和亲、昭君出塞的故事。

汉朝有几百年的历史基业，又有浓厚的历史积淀，可谓根深蒂固，不可动摇，匈奴想逐鹿中原，一统天下，也算是异想天开了；然而，匈奴地处草原，人人骑马射箭，性情粗野彪悍，因此中原和匈奴的战争，才步履维艰，一心想将匈奴收为臣子的志向难以实现。在中原和匈奴不能充分融合的情况下，作为权宜之计的汉匈和亲也是大势所趋。

王昭君之所以被后人念念不忘，更多是因为她远嫁塞外以后，不但能够在匈奴安居乐业，还带去中原的织布机等工具教匈奴人使用，在使用的过程中，广泛传播中原文化，消除匈奴对中原的敌意，促进匈奴对中原的了解，并且多次劝说匈奴的单于与汉朝搞好关系，为两地谋得太平。

昭君因为皇帝选宫女而远离家乡，又因为不得皇帝召见而远离国土，但就是在这样的情况下，昭君还是能以大局为重，时刻谨记自己的责任和重担，不但不做任何损害汉匈关系的事情，还能为汉匈和睦做出自己的贡献，这非常难能可贵。

王昭君的历史功绩可以用我国历史学家翦伯赞的一首诗来概括：

汉武雄图载史篇，

长城万里遍烽烟。

何如一曲琵琶好，

鸣镝无声五十年。

意思是说，汉武帝有一统天下的雄图大略，和匈奴进行了多年的征战，却使长城内外战火不断，这还不如昭君出塞，使得汉匈和好，换来了半个世纪的和平。

正如"青冢"墓碑上所刻：

一身归朔漠，数代靖兵戎。

若以功名论，几与卫霍同。

青冢碑文所刻算是对昭君出塞历史功绩的盖棺定论了。

（二）后人对昭君的评价和缅怀

王昭君去世以后，昭君出塞这段佳话代代相传，它就像吹过去的一阵风，所过之处莫不让人感慨万千。后代的文人墨客，纷纷通过诗词来表达自己对昭君出塞的感念。据统计，古往今来，反映王昭君的诗歌就有七百多首，与之有关的小说、民间故事也有近四十种，写

过昭君事迹的作者就有五百多人，李白、杜甫、白居易、李商隐、王安石、郭沫若、田汉、翦伯赞等都对昭君出塞的故事表达了自己的看法。昭君在这些文人墨客的笔下，散发出夺目的光彩。

千百年来，咏王昭君其人其事的诗歌虽然很多，但大多数诗歌的立意是抒写王昭君的离愁别恨、惋惜她的红颜薄命。

昭君拂玉鞍，上马啼红颊。

今日汉宫人，明朝胡地妾。

　　李白的诗，对王昭君充满着惋惜、同情，"今日汉宫人，明朝胡地妾"一句，把昭君的命运在一瞬间发生的变化表露无遗。"一上玉关道，天涯去不归"一句，不禁使人想起王维的诗句"劝君更尽一杯酒，西出阳关无故人"。

　　《咏怀古迹五首之三》是杜甫吟咏昭君的诗：

　　　　群山万壑赴荆门，

　　　　生长明妃尚有村。

　　　　一去紫台连朔漠，

独留青冢向黄昏。

画图省识春风面，

环佩空归夜月魂。

千载琵琶作胡语，

分明怨恨曲中论。

诗中为我们描绘了这样一幅画面：千山万壑逶迤不断奔赴荆门，此地还遗留生长明妃的山村。一别汉宫，她嫁到了北方的荒漠，到现在的傍晚，只剩下了一座青冢。这个昏庸的汉元帝，仅仅凭借看画像又怎么能看到昭君的花容月貌呢？离开汉地的昭君，她的魂分明还在月夜归来。她所创的胡音琵琶曲，已经流传千载，曲子中倾诉的分明是昭君的满腔悲愤。

这是杜甫经过湖北秭归明妃村想起王昭君的故事时有感而发所作。从王昭君时代至杜甫时代，凡七百年，"尚有村"三个字，表现了人们到现在还对昭君永不忘怀。杜甫在此诗中，既描写了昭君的怨恨，也讽刺了汉元帝的昏庸。

宋代欧阳修有诗写道：

汉宫有佳人，天子初未识。

一朝随汉使，远嫁单于国。

绝色天下无，一失难再得。

虽能杀画工，于事竟何益？

耳目所及尚如此，

万里安能制夷狄？

汉计诚已拙，女色难自夸。

明妃去时泪，洒向枝上花。

狂风日暮起，漂泊落谁家？

红颜胜人多薄命，

莫怨春风当自嗟。

这首诗把昭君出塞的前因后果都写在其中，欧阳修更从批评皇帝的角度入

手,"虽能杀画工,于事竟何益?耳目所及尚如此,万里安能制夷狄?"说的是你杀了毛延寿,还不是于事无补?皇帝眼皮底下的人都管不好,又怎么能指挥千军万马去消灭边境的敌人呢?

李白、杜甫和欧阳修的诗歌,把昭君当成一个有血有肉的个体,是一个因为皇帝的昏庸而远离家乡的女子,想象着昭君的无奈和孤单,对昭君充满了同情,在诗歌中充满了人道主义的色彩。

但是,中国的诗歌讲究立意,由于写王昭君的诗立意有别,取材的角度各异,写作的背景不同,也就出现了见仁见智、众说纷纭的现象。

金代王元节有一首写王昭君的诗歌,就非常与众不同:

环佩魂归青冢月,

琵琶声断黑山秋。

汉家多少征西将,

泉下相逢也合羞。

　　这首诗前两句写昭君命运的悲惨，和大部分诗歌的立意没有什么不同。但后两句笔锋一转，说堂堂汉朝，牺牲一个女子的未来来换取国家的安宁，真是耻辱，你们这些西征的将领，在黄泉路上相逢，也应该无颜面对才是。表达了作者的愤慨和鄙夷之情。

　　而明代一位诗人则从迥异的角度为昭君写了另外一首诗：

　　　　　将军杖钺妾和番，

　　　　　一样承恩出玉关。

　　　　　死战生留俱为国，

　　　　　敢将薄命怨红颜。

　　这首诗以王昭君的口吻来诉说：将

士们出关，是拿了兵器打仗；而我王昭
君出关，是遵奉国家的外交政策，通婚
和番，以谋国家安宁。同样都是奉了国
家的命令，远出塞外。多少将士在外战
死了，而我身负和平使命，必须活着留
下来。死者生者，都是为了国家。如今
我这个弱女子，虽然远离故土，到那蛮
荒的塞外终此一生，又哪敢怨叹呢？这
首诗，把王昭君对国家的忠义之情，推
崇得又上了一个层次。这种为国为民，
不惜牺牲个人的奉献精神，真可用陆游
的一句诗来概括："位卑未敢忘忧国。"

　　同样以昭君口吻写诗的还有著名诗

人白居易，但是就没有上面的"死战生留俱为国"那么乐观和伟大了。白居易在《王昭君》诗中写道：

> 汉使却回凭寄语，
>
> 黄金何日赎蛾眉？
>
> 君王若问妾颜色，
>
> 莫道不如宫里时。

汉朝的使者就要回去了，昭君希望他帮自己带个消息给皇上，问问什么时候能让自己回去呢？皇上如果问起来我现在的容貌，请您千万不要说已经不如在汉宫的时候美丽动人了！

据说这首诗是白居易在 17 岁的时候

所作，作者竭尽自己的想象力，试图刻画昭君的心情，诗句明白如话，刻画的昭君形象楚楚可怜，非常难能可贵。

昭君自有千秋在，

胡汉和亲识见高。

词客各摅胸臆懑，

舞文弄墨总徒劳。

董必武的这首诗从民族平等、共同发展的角度上落笔，充分肯定了昭君的历史功绩，但在肯定的同时，也把作为

普通女性的昭君悲剧性的一面给忽略掉
了。

　　总的说来，历来咏王昭君的诗都很
多，但是由于诗人所站的角度不同，诗
人所关注的对象有所侧重，所以诗歌中
所表达的含义也就千差万别了。这种千
差万别的描写，也正好从各个方面为我
们还原了一个有血有肉的王昭君。不论是
将昭君看做一个普通女子，写昭君命运
的凄惨也好；或是将昭君写得胸怀大志、
为国家鞠躬尽瘁也好，昭君为汉匈和平
做出的牺牲是有目共睹的，昭君出塞的
历史功绩也得到了充分的肯定。

六、昭君逸闻

两千多年来，民间流传着许多关于王昭君的逸闻趣事。昭君逸闻趣事的流传，一方面表现了人们对这个绝代佳人的好奇，另一方面也反映了人们对这个美丽女子的缅怀。

（一）王昭君与美食

将历史人物与饮食文化联系在一起，

用历史人物来为饮食命名，不知道这是不是中国特有的现象。

下面就是几则关于王昭君和美食的故事。

昭君鸭：

传说出生在楚地的王昭君出塞以后，吃不惯胡地的面食，然而塞外又不种植水稻。为了消除昭君的烦恼，单于让厨师百般尝试，在一次实验中，厨师将肥肥的鸭子熬成浓浓的汤，将粉条和油面筋煮入其中，谁料到此菜正和昭君口味。后来，人们便将粉条、油面筋、肥鸭汤烹调成菜，并称之为"昭君鸭"，一直流传至今。直到现在，这道菜在山西、甘肃仍然很常见。

昭君皮子：

在西北地区还流行一种以王昭君的名字命名的"昭君皮子"，也就是我们经常听说的人们在夏日常吃的酿皮子。其做法是将面粉分离成淀粉和面筋，并用淀粉制成面条，面筋切成薄片，搭配并食，并辅以麻辣调料，吃起来酸辣凉爽，柔嫩可口。

（二）昭君趣事知多少

昭君与香鱼：

在闽南和台湾岛生活着一种奇特的淡水鱼，它的背脊上有一条满是香脂的腔道，能散发出浓郁的芳香，这就是被国际旅游界、垂钓界誉之为"淡水鱼之王"的香鱼。

据说香鱼原产于湖北兴山县王昭君的故乡。传说王昭君的身上有一种扑鼻的异香。有一天，王昭君到香溪边去洗衣服，突然，有一群小鱼闻到她身上的

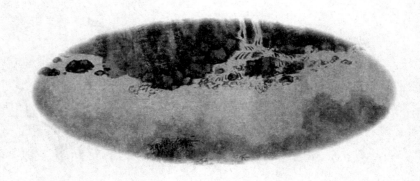

香味，都向她游来，其中有一条小鱼居然钻进她的裤筒里。王昭君捧起那条小鱼细看，小头尖嘴，体色青黄，鳃盖后方有一卵形橙色斑纹，尾部又细又长，犹如凤尾，全长十余厘米，十分漂亮又活泼，王昭君就高兴地把它捧回家去了。

刚巧，王昭君的母亲卧病在床，因家庭贫寒，王昭君就把这条小鱼烹煮了给母亲吃。不知是王昭君家中缺盐少酱，无可口作料，还是王昭君母亲在病中口苦，总之，王昭君母亲吃了这条鱼，觉得没有什么味道。王昭君为此十分懊恼。

她想，香溪里这种小鱼很多，如果这种小鱼味美而质鲜，逢到灾荒年头，这里的乡亲们也可捉鱼充饥，解燃眉之急。于是，她拣了一个黄道吉日，把自己浴身后的充满香脂气息的浴水投进溪里。她一边倒浴水，一边唱道："溪百里，生贵鱼，济贫穷，上宴席。"倒着，唱着，唱着，倒着，说也怪，王昭君浴身后的香脂水，瞬时变成一条条活泼可爱的小鱼向香溪中下游游去。其形状如同王昭君捉到的那条小鱼一模一样，它的背脊上长出了一条满是香脂的腔道，并散发出阵阵诱人的芳香。从此，香溪纵横百里，就有了这种奇特的香鱼。

几百年过去了。后来有人把香鱼从湖北放养到闽南，闽南也成为香鱼的产地。到了明朝，郑成功率兵驱逐荷倭，开发台湾岛时，也把香鱼带到台北市溪碧潭放养繁殖，试养成功，台湾岛也就盛产香鱼了。人们为了怀念郑成功，谓之为"国姓鱼"，也就是香鱼。

昭君赐名桃花鱼：

今湖北兴山县的香溪，地处巫峡，在长江北岸，这里正是王昭君的故里。每年桃花盛开的季节，香溪中就会出现成群的桃花鱼，它们个个通体透明，漂游在水面，有玉白、乳黄、粉红三色，触手多达二百五六十条，散开后酷似桃花瓣。这桃花鱼的来历，就与昭君有关。

相传，当汉元帝决定让昭君远嫁匈奴和亲前，恩准她返回故里，探望父母乡亲。昭君返回家乡后，一面与亲人细

叙别情，一面满山遍野去寻觅儿时的足迹，对这青山秀水的故乡十分不舍。

昭君别去那天，乡亲们送了一程又一程，难舍难分。昭君登上江中的龙舟，抱起心爱的琵琶，弹起哀婉动人的别离曲。此时盛开的桃花似她的知音，听到感人处，竟纷纷飘落，有的落在船上，有的落在她身上，昭君不禁潸然泪下，泪水洒落在桃花瓣上，又漂入溪中。这些沾满昭君泪水的桃花瓣纷纷变成了五颜六色的小鱼，追随龙舟游动。当哀怨的琵琶声戛然而止时，船工们也都洒下同情的泪水。有位船工随手摸起一条小鱼献给昭君，昭君深情地赐给它们一个美丽的名字——桃花鱼。

从此，每当桃花盛开的季节，桃花

鱼便在香溪清澈的水中游来游去，好像
和故乡的亲人们一起呼唤昭君的归来。
至今香溪的老人们还说：每当桃花盛开，
明月当空的深夜，有时就能听到古代妇
女衣服上金玉饰物的撞击声，难怪杜甫
到昭君故里凭吊古迹后所作《咏怀古迹》
诗中道"环佩空归夜月魂"呢！人们想那
一定是怀念故乡的昭君回来看望乡亲们
来了，乡亲们还想用"水水桃花鱼"来款
待她呢！湖北名菜水水桃花鱼就是来自
这个美丽哀怨的传说。

昭君发明垫肩：

垫肩，在我们现在的日常生活中是习以为常的东西。现在做西服、制服、大衣的时候总要做个垫肩，这样衣服穿起来，可以显得庄重、美观。可你知道垫肩的来历吗？这又是一个和王昭君有关的故事。

汉元帝时，昭君毛遂自荐、挺身而出，远嫁匈奴。出塞前，虽是"良家子"，

但毕竟是公主的身份，代表了大汉王朝
的形象，王昭君自然要打扮一番。梳妆
完毕，昭君从镜子里看到美丽的自己很
是开心，但美中不足，就是自己生就一双
溜肩膀，肩膀很窄，穿衣服有点撑不起来，
显得不太美观。这样的形象，昭君怕到
了匈奴那里被人耻笑，便对宫女说："你

们看看我的肩膀，为什么总挺不起来？"
宫女附和："是这衣服挺不起来，只怪做
衣服的手艺不高，做得不好，还是另做
合身的穿上。"昭君说："今日就要出塞，
来不及了。"停了一会儿又说："我看做
衣服的工匠手艺不错，只怪我这肩膀窄。
你们取些布，让我做个垫子缝在衣服里，
不就行了？"宫女们急忙拿来针线和棉
布，王昭君便动手做了个垫子衬到衣服
里子的肩膀处。这样,衣服的棱角挺起来,
显得更美了。昭君便穿着这带垫肩的衣
服，去了匈奴。

昭君的"溜肩膀"还与"落雁"的典故有关。话说昭君为了遮盖自己的"溜肩膀",便喜欢穿高垫肩衣服,或者在衣服外加披风,披风温暖多毛,大雁误会是草窝,所以"落雁"。这和前面所说的"落雁"典故便大相径庭了,相比较而言,人们更喜欢前者,毕竟大雁听到昭君弹奏琵琶忘记扇动翅膀而掉落营造了很美、很感人的意境。

青冢:

眼看自己经营的和平岁月毁于一旦,

王昭君在幽怨凄清绝望中死去，葬在大黑河南岸。爱戴昭君的匈奴人也悲痛万分，因为感激昭君为匈奴做出的贡献，漠南漠北的人们，也不约而同地为昭君修建十几座坟冢。据说入秋以后塞外草色枯黄，只有王昭君的墓上芳草茂盛，上面的草一年四季也不枯萎，四周的牛羊似乎也受到昭君感化，不到这里来吃草，所以坟冢上终年常绿，在秋冬荒芜的草原上格外醒目。人们认为是宁胡阏氏的功德感动了草原，才四季常青，所以称昭君的坟冢为"青冢"。这座青冢至今已有两千多年之久，但还保存完好。

简　介

王昭君墓又称青冢，唐代以来史籍记载为西汉王昭君之墓。昭君名嫱，南郡秭归人，初为宫廷待诏。汉元帝竟宁元年（公元前三十三年）汉与匈奴和亲于匈奴呼韩邪单于为妻后封为宁胡阏氏。她的出塞和亲对促进当时汉与匈奴之间的民族友好关系起了一定作用，为历代劳动人民所颂扬，所以昭君墓是民族团结友好的象征。

　　事实上，究竟"青冢"为什么"青"，后代人也去考证过。有人说，昭君墓上并没有草木，远远望去，呈青色罢了；也有人说，是因为塞外白沙多，村庄房屋远远望去，都呈现青黛色，这种"青"其实是黑色而已。

七、结语："最美人"王昭君

后人王谠说："从外貌、气质、品格、魅力这四方面来说，王昭君被称为最美人，那是当之无愧。"王昭君、西施、貂蝉、杨玉环既然并称四大美女，美貌应当不相上下，后人有说，论美貌，西施排第一，但这些已经无从考证。四大美女，谁最美？各人有各人的审美标准，都不能成为定论。但是，昭君之所以被称为"最美人"，还是有一定道理的。

　　四大美女中，杨玉环算是很幸运地生在以胖为美的唐朝才跻身其中，算是造化和天意；貂蝉和西施虽然也是为国家牺牲了自己，但真正牺牲自己、成全了大我，集胆识、智慧和才能为一身的，还要说王昭君，这也就难怪将昭君称为"最美人"了。

　　王昭君的"奇"，"奇"在勇气和个性。也许，昭君的这点勇气生在现在可能不足为奇，但是，生在女子没有什么地位的封建社会中，为了改变自己的命运，王昭君主动请缨下嫁匈奴，做出如此重

大的冒险决定需要很大的勇气，并不是每个女子都敢于做出这个选择的。从这一点来说，昭君让人钦佩的是她的胆识和勇气。

如果说请缨出塞只是为了改变自己的命运，那么以一己之命运改变民族命运，就难能可贵了。所以说，王昭君事迹之所以世代流传，并不仅仅是因为她主动出塞和亲，更主要的是在她出塞之后，汉朝与匈奴和好，两地关系和睦，边塞的烽烟熄灭了五十年，增强了汉族与匈奴之间的民族团结。

昭君孤身一人来到了匈奴，但她又并不是一个人，她带去了中原的农耕文化，所到之处，无不春暖花开。她一个人影响着整个匈奴以及中原百姓的生活，让一个太平盛世，在这一片不宁静的天空中漫延开来……

因此她是我们心目中的"最美人"。